Nadine Bellaire

Pas tout à fait normal, Planète Océane, Pour toujours

Nadine Bellaire

Pas tout à fait normal, Planète Océane, Pour toujours

Éditions Muse

Imprint

Cover image: www.ingimage.com

Publisher:
Éditions Muse
is a trademark of
Dodo Books Indian Ocean Ltd. and OmniScriptum S.R.L publishing group

120 High Road, East Finchley, London, N2 9ED, United Kingdom
Str. Armeneasca 28/1, office 1, Chisinau MD-2012, Republic of Moldova, Europe
Printed at: see last page
ISBN: 978-620-4-95915-3

Pas tout à fait normal

Février 2024, Argenteuil près de Paris,

Bruno et Océane viennent d'acheter une jolie petite villa dans un quartier fort agréable.

Un élégant lotissement reprenant une dizaine de maisons, bâties sur le même moule, mais différentes de par leur décoration et leur agencement.

La plus proche se situait à cent mètres et de l'autre côté, c'était encore libre.

L'extérieur de la maison était magnifique, telles les maisons en Provence.

Les pièces à vivre étaient grandioses, La cuisine ouverte donnait sur un bar en bois et on avait la vue sur tout le living. Enormément de grandes fenêtres. Deux salles-de-bains à l'étage et 3 chambres dont la chambre parentale. Devant la grande fenêtre, il y avait une grande terrasse couverte de canisses et de bougainvillée et de mimosa ce qui donnait l'ombre bienfaisante quand il faisait trop chaud…….et last but not least : une immense piscine et un jacuzzi.

Un énorme terrain boisé pour dresser son hamac et l'arrière de la maison donnait l'esthétisme à un bassin à cascades avec des poissons et des fleurs partout dans le jardin.

Océane avait bien l'intention de prendre un bout de terrain pour y faire un potager.

Cette maison était tout simplement séduisante, ravissante.

Ils allaient y vivre heureux.

Bruno était architecte et sa spécialité, et bien, c'était de construire de jolies villas comme celle-ci dans la partie Sud de la France, en Espagne et en Italie. Il partait le lundi et revenait le vendredi soir.

Océane était gérante d'une immense librairie pas loin de Paris.

Ils n'avaient pas encore d'enfants mais étaient encore jeunes, ils voulaient un peu profiter de la vie.

Ils adoraient les voyages, la nature et la lecture.
Bruno avait bêché un morceau de terrain de leur jardin. Il faisait encore froid mais ils avaient acheté un petite serre pour déjà y mettre des graines à germer : des plantes aromatiques et des plants de tomates et de courgettes.
C'était un de leur hobby préféré. Tout ce qui a trait à la nature. Ils essayaient même de manger sainement, pas vegan, pas végétarien, mais du poisson, du poulet, des œufs, le moins possible de viande rouge, beaucoup de légumés et de fruits et du pain 9 céréales, et tout ce qui n'était pas gras ni trop sucré. Il buvait beaucoup d'eau et un peu de vin.

Les déménageurs partis, ils s'offrirent une flûte de Champagne pour inaugurer la nouvelle villa. Ils buvèrent la moitié de la bouteille et, hop, à notre bonheur : ils lancèrent la bouteille contre le mur de la maison. La voilà bâtisée ! Ils se prirent dans les bras amoureusement et s'embrassèrent.
Ils commencèrent à ranger le matériel du déménagement dans les différents endroits de la maison.
Ils leur faudraient quelques jours pour tout finir.

Océane avait prit quelques jours, une jeune stagiaire la remplaçait à la librairie.
Bruno, quand à lui, devait reprendre son travail dès demain matin donc il partit la veille même.
Au revoir chaleureux entre ce beau couple, on se téléphone, d'accord ! Promis.
La voiture fit demi-tour et il fit signe et un baiser volant à son épouse.
Celle-ci écrasa quelques larmes, une nouvelle maison mais sans mari, c'es triste.
Bon, elle allait se faire un petit truc à manger puis commencerait à ranger sa bâtisse.
Elle mangea du pain grec fourré de jambon cuit, de fromage Gouda en tranches, de la salade, des tomates et une sauce à l'ail qu'elle faisait elle-même, très légère.

Elle mangea en regardant la télévison. Bu juste une larme de vin rouge et se mit à imaginer

Comment elle allait décorer son ou plutôt leur petit nid douillet.

Il commençait à faire noir, et oui, vers 17 heures, en France, il faisait noir assez tôt.

Elle avait laissé les lumières éteintes, cela lui faisait du bien, c'était une certaine douceur, un certain calme. Elle se vida un petit verre de vin rouge et le dégustait en faisant le tour de la maison.

Soudain, dans la maison d'àcôté, elle aperçut des ombres dans les pièces différentes de la villa.

La lumière n'était pas allumée, mais sans doute, à cause des lumières publiques cela allait d'une pièce à l'autre : mouvements transparents, commes des ombres fantomatiques.

Océane s'arrêta et regarda ce phénomène bizarre, sans bouger Elle ne voulait pas être repérée.

Cela dura une dizaine de minutes et disparus comme c'était venu.

Elle regarda les deux portes d'entrée, et personne n'entra ni ne sortit.

Extrêmement bizarre. Même insolite, saugrenu !

Puisqu'en plus, de la journée, elle n'avait vu aucun mouvement ni dans la maison, le jardin et pas de voiture. Bruno lui avait téléphoné ce matin mais elle ne lui avait rien dit, il serait capable de tout laisser tomber là-bas, et de revenir pensant qu'elle était en danger.

Elle resta un certain temps dans son rocking chair à attendre la suite des évènements. Plus rien ne se passa alors elle ferma portes et fenêtres et alla se coucher, éreintée par le déménagement.

Elle dormit très mal, faisant de nombreux cauchemars. Le lendemain matin, au réveil, elle ne se souvenait de rien, ni des ombres dans la maison d'à côté, ni de ses nombreux chauchemars.

Elle prit son petit-déjeuner puis se mit en jogging. Les gros meubles étaient déjà plaçés, elle commença par la cuisine. Le frigo, le lave-vaisselle, elle remplit les différents tiroirs, la cafetière sur le bloc au milieu, la friteuse à côté,, la vaisselle dans les nombreuses armoires et ainsi de suite.

Le congélateur, la machine à lessiver, et le sèche-linge étaient déjà dans la buanderie.La cuisine était pimpante. Au tour de la salle à manger : une très grande table en bois comme dans les fermes et des chaises en bois, avec un coussin de couleurs différentes sur 10 chaises.

Elle alla au marché acheter ses légumes et ses fruits en attendant que les leurs poussent.

Tomates, courgettes, aubergines, concombres, chou-fleur, choux de Bruxelles et pour les fruits : deux sotes de pommes, des raisins de deux couleurs et un ananas.

Elle acheta deux magnifiques bouquets de fleurs : un pour la table de la salle-à-manger et un pour le salon.

Elle acheta un bon pain 9 céréales et deux sortes de fromages.

Rentrée à la maison, elle rangea ses emplettes et fis deux bouquets différents.

Elle aimait cuisiner et était un fin cordon bleu. Comme elle était seule encore ce soir,

Elle se concocta une petite pizza. Elle faisait sa pâte elle-même et la décorait à son goût. Elle mit du jambon et du saucisson, des tranches de courgettes et de tomates des olives vertes et du gorgonzola.

Hum, elle connaissait quelqu'un qui apprécierait ! Son cher et tendre. Elle mit du sel, du poivre gris et de l'ail et la passa au four. A peu près 20 minutes au four traditionnel. Elle mit la vaisselle dans le lave-vaisselle. Elle se servit un fond de vin rouge de Provence.

Elle commença à décorer le salon, plaids de couleurs coussins blancs sur canapé et fauteuils en pur cuir noir. Au mur, des souvenirs de leurs voyages, déco plutôt ethnique.

Elle sortit la pizza du four, s'installa dans la véranda extérieure, et se délecta de cette nutrition auto fabriquée. La nuit commençait à tomber, c'était magnifique. Une grosse lune toute ronde et des milliards de milliards d'étoiles. Elle se serait facilement endormie là où elle était.
Leur véranda extérieure se trouvait au même niveau que la maison des voisins. Malgré elle, elle tourna le regard vers cette maison mystérieuse. Pas de voiture devant ni derrière, elle était là depuis une bonne heure et demi, elle n'avait vu ni entendu quelqu'un entrer, ni sortir et il se passa les mêmes phénomènes qu'hier, espèces de formes transparentes mouvantes d'une pièce à l'autre
Mais en plus des sons, ressemblant au vent ou des sons dont on a l'impression qu'ils viennent des fantômes.

Océane ne bougea pas d'un cheveu mais réfléchissait à plein régime.
Elle n'avait vu personne entrer ni ressortir donc cela se trouvait tout le temps à l'intérieur.
Le jour, on ne voyait rien et cela se déroulait uniquement dès qu'il faisait noir dehors.
Contrairement à hier, où cela avait duré que très peu de temps, aujourd'hui, cela durait plus, bien plus longtemps et en plus, il y avait du bruit. Allait-elle bouger et aller jeter un œil ?
Océane était une femme simple, calme, elle donnerait sa chemise s'il le fallait mais surprenante, rare, curieuse. En essayant de faire le moins de bruits possibles, elle approcha de la maison voisine. En se cachant autant que possible, elle regarda pas une fenêtre et ce qu'elle voyait était conforme à ce qu'elle avait vu de dehors. Mais la source de ce phénomène était invisible, comme si cela se passait comme

des nuages, sans début et sans fin. Elle alla voir à une autre vitre et c'était exactement pareil, pas de début, pas de fin.
Et soudain, comme un appareil servant à aspirer les fluides, une sorte de machine burlesque engloba tous les « nuages » et Océane ressenti une nébuleuse la frôlant et essayant de l'aspirer en même temps. Elle eut le souffle coupé, puis plus rien. Elle n'osait pas bouger, cette sensation était irréelle.

Vendredi soir, Bruno rentra de son travail. Il pleuvait et dans un virage, il eu une vision très étrange et dérangeante, à la fois comme un fantôme et un nuage, il ne l'aperçu que quelques secondes mais c'était à la fois perturbant et bouleversant. Il s'arrêta net sur le bord de la route et il lui fallut plusieurs minutes pour reprendre ses esprits.
Il rentra doucement chez lui. Il était pâle et perturbé. Océane lui dit bonjour et lui demanda ce qu'il se passait. Bruno lui raconta sa vision et Océane lui raconta ses bads expériences.
Ils se tournèrent vers cette maison bizarre. Etourdis, décontenancés !
C'était le soir, et les nuages fantômes avaient réaparus. Bruno prit une décision rapide et alerta la gendarmerie, qu'ils viennent d'urgence. Ils arrivèrent 10 minutes plus tard et assistèrent eux aussi, de l'extérieur, aux phénomènes extra-sensoriels. Deux gendarmes entrèrent pas les deux portes, celle de devant et celle du jardin. Ils sentirent une sensation bizarre comme un nuage qui les enveloppait un à un, comme dans une bulle, un brouillard.
Au début, ils ne ressentaient rien puis petit à petit, ils commencèrent à éttouffer. Les hommes dehors comprirent qu'il y avait un problème, ils durent défoncer les vitres, pour laisser entrer l'air et sortir les 4 gendarmes qui y étaient entrés, ceux-ci avaient la mauvaise impression que ces « nuages » les retenaient. Une scène totalement fantasmagorique.

Cette maison était classée zone interdite, Danger.

Bruno et Océane se demandait s'ils ne risquaient pas leur vie de continuer à vivre si près, dans leur maison. Pour l'instant, il n'avait pas d'autre solution. Les carreaux de la maison d'à côté étant cassés,
Les phénomènes ne pouvaient peut-être plus se produire puisque l'air entrait et sortait mais le mystère restait entier et ni elle, ni Bruno, ni les Gendarmes ne savaient la vérité. C'était complètement insolite, saugrenu. INCOMPREHENSIBLE.

Ils étaient effrayés, épouvantés. Ils désidèrent d'aller passer la nuit à l'hôtel, pour essayer de bien dormir, du moins être plus calmes. Ils dormirent mais firent énormément de cauchemars.
Au matin, ils prirent un copieux petit déjeuner puis rentrèrent chez eux.
Stupéfaction, effarement : toutes les vitres avaient étées replacées mais en vitres fumées.
Bruno devait retourner au travail et Océane à la librairie. Mais ils appellèrent les gendarmes afin de les faire constater le phénomène. Que penser de ces faits étranges, insolites, excentriques ou paranormaux dont on parlait autrefois à la veillée, et que les émissions de télévision relatent aujourd'hui de plus en plus fréquemment.
Océane et Bruno adoraient leur nouvelle maison mais vivre si près de cette maison effrayante
Changeait la donne. Il faudrait qu'ils en parlent calmement mais sérieusement ce sois avec Bruno.

Elle n'en eu pas besoin. Vers 14 heures, la terre trembla. Cela venait de cette étrange maison.
Océane était dehors dans le jardin, une bien belle journée, elle était occupé à planter ses légumes.

Cette maison se secoua sur elle-même, trembla, les vitres se cassèrent, un énorme ou plutôt gigantesque nuage sortit par toutes les sorties possibles et la maison implosa. Il y eu quelques légers dégâts aux alentours mais sans gravité. Océane appella les gendarmes qui restèrent sans voix.

Les voisins étaient présents aussi. Certains avaient assistés au phénomène. Océane avait appelé Bruno pour lui explquer. Il prit deux heures de congé et revint le plus vite possible.

Arrivé sur place, il n'en croyait pas ses yeux. Il dialoguait avec les gendarmes qui hésitaient : phénomène paranormal ou ???

Ils n'en savaient rien, c'était la première fois qu'ils avaient affaire à ce genre de phénomène.

Il y avait bien à Paris, une brigade anti- ??? Fantômes. Ils avaient du mal à en parler car pour eux, ils n'existaient pas ! Tout était dans la presse, des centaimes étaient autour de cette maison maudite

Et Bruno et Océane en avaient assez, finie leur tranquilité. On leur posait des questions, ils étaient pris en photos.

Ils décidèrent d'aller se promener plus loin de leur maison pour avoir un peu de tranquilité.

Un ensemble d'herbes hautes, de buissons, de forsytias. Ils suivaient le chemin en dialoguant d'autres choses que cette maison diabolique mais on est déjà passé parlà, non ? On va prendre de l'autre côté, on a dû se tromper. Ils marchèrent le long du chemin, mais ils revinrent exactement au même endroit. Bon, ce n'est pas marrant ! On part d'ici, on suit le chemin comme le petit poucet en attachant un brin de ta queue de cheval au buisson et on suit ainsi, un brin tous les deux arbres, il s firent comme cela, mais ils trompèrent car malgré les liens, ils revinrent au même endroit. Océane pleurait et Bruno hurlait. Un gardeur de chèvres arriva,

mais les jeunes, qu'est-ce qu'il se passe ? Nous nous promenons et on se perd à chaque fois. Mais, mes enfants, cela ne sert à rien de tourner. Vous êtes arrivés ici, vous vous tournez et, tout simplement, vous faites 3 mètres et vous êtes chez vous !!! Merci beaucoup, Monsieur. Ils étaient incrédules, sceptiques.
Quelqu'un ou quelque chose jouaient avec leurs pieds. Ce secteur immobilier sentait mauvais.

Les fameux « nuages fantômes » avaient fini d'exister. L'ancienne maison n'était plus qu'un mauvais souvenir. Une famille avait acheté le terrain et faisait construire une nouvelle maison, à peu près pareille à toutes celles du quartier. Une famille de quatre membres et bientôt cinq. Le papa et la maman, une jeune adolescente de 12 ans et un garçon de 9 ans et la maman attendait un cinquième membre : un futur petit bébé, la maman était enceinte de 6 mois.
La maison était pré-fabriquée et fut vite montée. Il restait les alentours : plusieurs arbres fruitiers,
Une piscine, un grand terrain pour les enfants et une terrasse couverte. Ils complèteraient plus tard.

Ils firent connaissance avec Bruno et Oceane et d'autres voisins proches.
Oceane était enfin enceinte mais de trois mois seulement alors elles parlaient beaucoup de leur grossesse.
Elles devenèrent amies. Anne, la nouvelle amie, aimmait beaucoup lire et quand elle su qu'Océane était libraire, elles en parlaient beaucoup. Anne demandait des conseils de lecture à Oceane, elle ne travaillait pas à l'extérieur et en plus, étant enceinte, elle devait se reposer alors elle en profitait pour lire. Bruno et Oceane étaient de grands lecteurs aussi.
Un soir, chez leurs autres amis, ils furent tous les quatre invités à souper, Anne cuisinait très bien mais comme elle devait se reposer, c'est Louis, le mari qui avait cuisiné. C'était hyper délicieux, ils se régalèrent tous. Oceane qui devait aller aux

toilettes, demanda la permission, acceptée bien sûr, besoin fréquent chez une femme enceinte, Anne l'y conduit. En entrant, elle avait bien vu qu'il y avait un rouleau de papier, et quand elle voulu en prendre, il n'y en avait plus ! Elle voulu crier

Mais elle avait du papier dans son sac à mains. Elle sortit, voulu rejoindre la salle à manger, elle savait que c'était juste à côté et elle tourna dans tous les coins, et plus elle tournait, plus elle se perdait. Elle commenca à pleurer et hurla, tout de suite les autres invités réaagirent, elle était juste à deux mètres. Personne ne lui posa de questions croyant qu'elle était bouleversée à cause de sa grossesse.

Mais elle repensa à sa promenade avec Bruno où ils tournaient en rond et qu'un gardien de chèvres leur avait indiqué la bonne direction. Elle ne pouvait s'empêcher d'être apeurée.

Ils rentrèrent tard le soir, elle ne voulait pas parler à Bruno de l'histoire du papier et de la perte dans la maison. Il ne posa pas de questions alors elle préférait en rester là.

Ils prirent une douche fraîche car ils avient la sensation qu'il faisait tellement chaud alors qu'en regardant le thermomètre il n'y avait que 12 °C. Très, très bizarre.

Ils mirent l'air conditionné et se couchèrent au-dessus des draps.

Pendant la nuit, ils étaient glaçés, ils remirent une couverture, regardèrent le thermomètre, 35°C.

Impensable, inimaginable, effarant.

Le lundi, Bruno parti pour la semaine pour son bouleau, Oceane avait prit 1 an de repos à la librairie, sa stagiaire qui était très utile la remplaçait et elle avait engagé une petite jeune fille qui faisait des études d'histoire de l'art, pour l'aider de temps en temps. Le gynécologue lui avait dit de rester le plus souvent au repos pour sa grossesse, Oceane avait déjà 40 ans. Elle alla quand même faire ses courses, et au supermarché et au marché ce qui la mettait chaque fois en joie. Elle aimait cette ambiance, les cris des marchands, les odeurs….

Elle avait laissé sa voiture sur le parking près de la gare, Allée F. Quand elle revint de ses courses,

Elle se dirigea vers l'allée F, à la place où elle avait laissé sa voiture, et une autre voiture occuppait

Sa place, une autre marque, une autre couleur, une autre plaque d'immatriculation.

Elle commençait à transpirer, des nausées, l'angosse, le stress, elle était sûre d'elle pourtant. Un policier qui surveillait l'endroit lui demanda ce qu'elle avait. Oceane s'expliqua, le policier avait l'air dubitatif. Il prit son téléphone et appela les autres gars de la garnison, avec la plaque d'immatriculation, ils feraient vite de la retrouver. En effet, mais celle-ci était garée de l'autre côté du marché près de l'hôtel de ville.

Elle se dit que ce n'était pas possible, on lui jouait un jeu maléfique, malfaisant, pernitieux.

Elle reprit le volant. Autant ne pas envenimer les choses avec les flics.

Elle rentra chez elle, rangea ses emplettes et s'enferma dans sa bulle. Elle ne voulait voir personne. Elle ne comprenait rien à rien et elle avait peur pour son bébé.

Elle ne parvenait pas à mettre deux idées bout à bout. Elle n'allait pas encore rappeler son mari, à l'autre bout du pays, il s'était déjà absenté suffisament ainsi à cause de tous ces problèmes et on finirait par le licencier. Ce n'était pas vraiment le moment avec le bébé qui allait naître !

Oceane devait prendre sur elle-même. Vivre normalement, arrêter de s'imaginer des choses,

Et se reposer, sa santé et la santé du bébé en dépendaient.

Leur voisine Anne avait organisé un goûter entre voisines. Se retrouver uniquement entre femme et papoter à tout va. Oceane avait fait un énorme gâteau : chocolat fondant pur Belge, des couches de crème et de fruits rouges (fraises et cerises) et crème chantilly + un décor à damné un Saint.
Elle était vraiment douée. Il y avait des fruits frais coupés en cubes, de la tarte aux pommes, des mille-feuilles, de la crème brûlée, des macarons……etc. Il y en aurait assez pour donner aux pauvres.
Il y avait du café, du thé de plusieurs sortes, du lait chocolaté, des jus de fruits……
Cela leur faisait du bien une fois de temps en temps sans ces Messieurs. Elles riaient à cœur joie.
Des fous rires à n'en plus finir. Il était de celle qui racontait la meilleure blague !

Elles étaient en train de manger quand un couteau vola et vint se planter en plein milieu de la table.
Elles se regardèrent. Le plateau en verre à tarte vide, se bisa en mille morceaux. Aucune n'osa bouger. Les coussins du canapé volèrent d'un côté à l'autre de la pièce. Les morceaux de pâtisserie
Volèrent à travers la pièce dans tous les sens et allèrent se plaquer contre les murs, en fait, tous les objets de la pièce virvoltaient puis tombaient, les livres de la bibliothèque s'écroulèrent.
Et aucune des voisines n'osaient bouger, c'était à peine si elles osaient respirer.
Au bout de 10 minutes les effets paranormaux cessèrent, les amies en profitèrent pour sortir en courant. C'était un fameux remue-ménage à l'intérieur. Que faire si ce n'était appeler les gendarmes et les maris ! Cette maison se trouvait exactement au-dessus de la maison aux « nuages fantômes ».

Les phénomènes paranormaux ne sont pas nécessairement néfastes comme cette histoire.

Saint Jean Bosco, fondateur de l'ordre des salésiens. Les jeunes hommes qui vivaient sous son « ordre » avaient faim mais le boulanger qui devait faire le pain, ne voulait pas en faire plus de 15 s'il n'était pas payé, hors 15 petits pains pour 300 jeunes gars, c'était loin d'être suffisant alors Jean Bosco prit la manne remplie de pains et en distribua un à chaque homme. Un gars qui avait compté les pains au début remarqua qu'après avoir distribué les 300 pains, il en restait en core 40 dans la manne. La même chose, au moment de la Toussaint, les élèves recevaient une poignée de marrons chauds mais il n'y en avait pas assez pour tout le monde, Saint Bosco prit la casserole avec les marrons qui subitement s'étaient remplies, il en distribua une pleine poignée à chaque homme et lorsque tout fut distribué, il en restait le fond rempli. C'est pourquoi, chaque année à la Toussaint, on distribue des marrons chauds.

L'amie d'Oceane avait accouché sans problèmes d'un magnifique petit garçon. Il faisait beau dehors et rien de négatif ne s'était passé depuis 4 mois, on leur avait expliqué que ces phénomènes pouvaient arriver lors de certains évènements spéciaux comme ce jour là, deux femmes enceintes, manifestations exceptionnelles. Elle promenait son petit bébé, elle le quitta des yeux un tout bref instant pour dire bonjour à une amie et elle regarda dans le berceau, elle fut stupéfaite, son bébé de 2 mois ressemblait à un tout nouveau né ?!

Pendant ce temps, Oceane qui avait juste accouché aussi, vit dans son landau un bébé de plus de 2 mois, Elle devenait folle de nouveau ? Elle prit cet enfant qui n'était pas le sien dans ses bras, sortit dans son jardin et vit sa voisine tout à lait perturbée. Anne, que se passe-t-il ?

Elles se rejoignirent avec les poussettes et les bébés. Anne, enfin mon bébé, Océane ; enfin voilà le mien. Elles rentrèrent chez Océane prendrent un café et se raconter le phénomène étrange qui venait de se passer.

Les voisines les plus proches avaient planté des fleurs dans le parterre de devant, parterres qu'on pouvait voir du salon, puisque toutes les maisons étaient construites de la même manière.
Oceane avec planté de grosses pensées jaunes et violets, Anne avait planté des petites pensées d'une seule couleur orange, l'autre voisine avait planté des fuschias roses et mauves et la quatrième plantait des pétunias. Elles admiraient les unes chez les autres, magnifique, enfin le Printemps pour voir grandir leurs bébés. Elles s'asseyèrent toutes les quatres dans le jardin d'Oceane au bord de la piscine et dégustèrent une citronnade faite par Oceane. Délicieuse et rafraîchissante. Elles échangèrent des recettes de cuisine. Anne les quitta deux minutes et revint avec un gâteau qu'elle avait fait elle-même : justement un cheese cake au citron. Elles se régalèrent !
Le soir se passa doucement, préparation du repas, et télévision, toujours la même chose, plus de travail pour les deux mamans.
Ils allèrent dormirent paisiblement.

Lors d'un enterrement, dans la famille d'une voisine d'Anne et Océane, auquel elles assistaient toutes les deux, il y avait énormément de monde. Des fleurs partout. Il s'agissait de l'enterrement d'un jeune homme très pieux. Il allait à la messe tous les jours au soir, ainsi qu'aux vêtres le dimanche après-midi. Il étudiait dans une école catholique et espérait un jour, entrer dans les ordres.
Lors de son enterrement, une chorale de jeues prêtres chantait, il en avait fait partie. A un moment, les gens retenirent leur souffle, beaucoup pleuraient, le cops du jeune garçon s'éléva au dessus de son cercueil , toujours dans la même position, d'à peu près 20 centimètres, très lentement et redescendit, toujours de la même manière dans son cercueil, personne ne comprit jamais.

Le lendemain matin, au petit déjeuner, les femmes furent complètement ahuries.

Les fleurs qu'elles avaient plantées n'étaient plus les mêmes, elles sortirent en peignoir et chaussons, Anne avait d'autres fleurs aussi et les autres voisines également.

En fait, c'est comme si il y avait eu une tournante. Les fleurs d'Oceane se trouvaient chez Anne, les fleurs d'Anne se trouvaient chez la voisine suivante et ainsi de suite……

Ce n'était plus possible, la vie était abracadabrante, elles auraient tellement aimé une vie calme, normale.

A n'y rien comprendre, finalement, elles étaient toutes jolies, autant les laisser comme cela .Anne réveilla bébé, fit sa petite toilette et l'habilla, elle s'apprêtait à donner le biberon quand son bébé commenca à pleurer, à hurler. Elle était étonnée, il n'avait jamais fait cela. Elle entendit un bruit de chaîne et de murmures et elle vit apparaître un fantôme qui sortait du grenier et passait par la chambre du bébé. Il resta là, à regarder Anne et le bébé, il ne dit rien, est-ce que les fantômes parlent ? Anne était terrifiée mais son bébé ne pleurait plus, il riait, il souriait en direction du

Fantôme. Celui-ci regarda encore quelques minutes et disparu comme il était venu. Le bébé se remit à pleurer. Sa maman le berça et lui donna son biberon. Il se calma.

Par après, quand elle revit sa maman, elle lui raconta : sa maman lui montra d'anciennes photos et elle le reconnu : c'était son arrière-arrière grand père.

Le bébé d'Oceane était en pleine santé, il dormait bien, mangeait convenablement. Une pure petite merveille. Elle commençait à babiller et jouer.

Comme Bruno partait travailler toute la semaine dans le Sud, Oceane qui ne travaillait pas encore, donnait tout son temps à Lisa. Beaucoup de promenades, elle jouait avec elle, lui préparait de la bonne nourriture avec des aliments frais et non pas ces petits pots des hypermarchés.

Un jour, dans son couffin, où elle dormait la journée, elle commença à pleurer et hurler, dès que sa maman la prenait dans ses bras, elle se taisait. En la memettant, elle hurlait de nouveau.
Bizarre ! Oceane essaya de la mettre dans son berceau en haut, elle ne pleura pas ! Stupéfaction !
Elle la mettait dans sa voiture, pas de problème, mais elle réessaya dans son couffin, elle hurlait de nouveau. Elle téléphona au pédiatre qui vint voir Lisa, Oceane fit la démonstration et le pédiatre n'y comprenait rien. Il fit venir un vieil ami à lui, rebouteux, comme on dit chez nous.
Le vieil homme vit directement ce qui n'allait pas, à l'endroit où bébé dormait dans son couffin, un esprit malin se tenait là.
On enleva le couffin et le bébé qu'on posa par terre, Lisa ne dit rien.
Le vieil homme fit une sorte de prière et dit un message dans lequel on ne comprenait rien. Il remit le couffin, prit Lisa et lui fit un signe de croix sur le front et la remit dans son couffin, il lui attacha un ruban jaune/organge au poignet et dit à la maman que Lisa le garde jusqu'à ce qu'il tombe tout seul, que c'était un attachement au Bouddhisme.

Bruno avait fini sa semaine et était content de retrouver sa petite femme et sa fille Lisa.
Avec deux copains, ils allèrent boire juste un verre au soleil avant de rentrer. Bruno ne buvait pas beaucoup et en plus, il savait qu'il reprenait la route.
Ses potes prirent une simple bière et Bruno prit une Gueuze, bière belge à laquelle on ajoutait de la grenadine. Ils papotèrent tous les trois et au moment de boire, Bruno porta son verre à la bouche, but une gorgée et cracha, c'était du sang ! Il piqua une de ces colères, ses copains regardèrent ainsi qe le patron, il n'y conrenait rien. Il s'excusa platement, il offrit la tournée et offrit un autre verre à Bruno, qui furieux quitta l'auberge. Il reprit la route en réfléchissant sur tout ce qui se passait.

Si cela continuait, ils allaient vendre et aller vivre ailleurs, il n'en pouvait plus de toutes ces conneries.
Au détour du chemin, deux gars faisaient de l'auto-stop, il s'arrêta et les prit en charge, ils discutèrent à peu près une demi-heure et à un moment donné, Bruno regarda derrière lui et les auto-stoppeurs avaient disparus, pourtant, il ne s'était pas arrêté.

Dès qu'il serait rentré chez lui, il en parlerait avec Oceane sérieusement, il voulait quitter la région
Il arriva tard chez lui, Oceane ne dormait pas, il lui expliqua l'histoire des deux auto-stoppeurs et le sang dans la bière.
Elle lui parla des deux bébés inversés ainsi que l'histoire des fleurs et de l'arrière-arrière-grand-père d'Anne. Auusi de l'esprit maléfique dans le couffin de Lisa.
Ils discutèrent sur l'idée de partir, cette région était maudite, malsaine. Oceane : je suis d'accord avec toi mais j'ai ma librairie et je ne peux me permettre de la laisser pour un bout de pain et cette maison également ! Bruno n'avait pas faim, ils allèrent se coucher, il était tard.
Pendant la nuit, Lisa hurla, Bruno se leva si vite qu'il se prit le gros orteil dans le pied du lit, cela lui faisait mal mais ne l'arrêterait pas pour sa fille. Il entra dans la chambre du bébé, les tentures et les rideaux bougeaient au vent et le berceau se balancait tout seul, il n'y avait personne.
Oceane garda Lisa avant qu'elle ne se rendorme. Bruno s'était rendormi, ses pupilles bougeaient anormalement : phénomène pathologique dit » image eidétique », les centres visuels du cerveau restituant vers la rétine des images enregistrées parfois plusieurs années auparavant sont imputables, bons nombres de témoignages favorables à des manifestations spectrales.

Le lendemain matin, il pleuvait ! Flûte alors se dirent Bruno et Oceane, nous qui voulions aller pique niquer dans l'immense parc de l'autre côté de la ville, c'est râté. Jamais de chance ! Oceane devait sortir pour s'occuper de son potager, et c'était urgent, prit un parapluie pour juste faire ce qui était urgent. Elle rentra immédiatement, qu'est-ce qu'il se passe dit Bruno ? Viens voir, elle ouvrit la porte des milliards et des milliards de fourmis partout, tout son jardin en enfer, c'était le cas de le dire.

Mais dis Bruno, on vit comme tout le monde ou on nous a propulsé en enfer, tu as fait de l'œil à Satan ? Oceane se mit à pleurer toutes larmes de son corps. Elle n'en pouvait plus.

Ils allèrent voir dehors ce qu'il en était de ces fourmis, plus rien, plus une sale bête, mais pas une, par contre les fleurs et le potager d'Oceane n'existait plus. Incroyable ! Chez leurs voisins, même topo !

Oceane prit la voiture et alla jusqu'à sa librairie et mit des cartons, A VENDRE. Sur leur maison : A VENDRE. La goutte avait fait déborder le vase.

Ils avaient pris la bonne décision. Oceane prépara un repas revigorrant : une raclette et une grosse salade de blé avec des tomates. Comme entrée, des coquilles Saint-Jacques gratinées et une mousse au chocolat blanc faite maison. Le bonheur passe par l'estomac.

Le soir, tout était tranquille, ils avaient bien mangé, Lisa dormait dans son couffin près d'eux, ils étaient installés chacun dans un fauteuil et lisait tous les deux. Bruno entendit des chuchotements, il regarda Océane, ce n'érait pas elle, elle était profondément plongée dans son livre.

En même temps que les chuchotements, il y eu des coups venant d'en haut, apparement du grenier, puis des sons comme le vent. Oceane avait relevé la tête aussi, ils montèrent quatre à quatre en emmenant Lisa dans le grenier, la fenêtre était grande ouverte, les tentures et rideaux volaient au vent, et par terre, des jouets qui n'appartenaient à personne étaient posés, un ours qui jouait

Du tambourin, un singe qui frappait des cymbales, une poupée qui riait………..

Bruno entendait régulièrement dans la maison des bruits, des chuchotements, des coups, des pleurs, des rires et il ne voyait jamais rien nulle part.

Ils n'avaient plus peur, ils étaient juste surpris. Oceane était partie vivre chez sa mère avec leur petite fille. Elle était plus près de la librairie pour travailler et chercher qui pourrait lui acheter. De plus, elle était plus sereine chez sa maman qu'à la maison.

Bruno fit appel un jour à un médium qu'il avait connu par un collège au travail.

Le médium entendit très bien ce que Bruno avait expliqué. Pour lui, il s'agissait de personnes

Qui cherchaient de l'aide, des personnes qui n'avaient pas pu passer de l'autre côté après leur mort, donc ils « hantaient » le monde des humains pour qu'on les aide à faire le grand pas et à trouver le repos éternel. Que pouvaient-ils faire pour les aider, sinon prier.

Vous êtes –vous déjà adressé(e) à un médium ? Complètement exclusif, singulier, hors du temps.

Un exemple : le médium mélange 52 cartes, vous en prenez 3 cartes parmi les 52.

Il prend vos 3 cartes à jouer et vous les lis : vous allez reprendre des études, deuxième, vous allez avoir un enfant : impossible, 5 tentatives in vitro, une adoption refusée, je n'aurais jamais d'enfants, là vous mentez ou vous vous trompez. Vous permettez, il reste une carte et je n'arrive pas à la lire.

Pas étonnant ! Vous êtes nul. Vous payez et sortez.

1 Mois plus tard, elle reprend des cours du soir en Anglais et trois mois plus tard, vous êtes enceinte, il avait raison mais la troisième, j'espère que ce n'est pas négatif. Au 4 ème mois, elle va faire une échographie et ce n'est pas un bébé qu'elle attend mais des jumeaux. Il avait bien raison ! Et c'est ce qui arriva à Oceane ! D'abord, elle voulait tester le médium, sachant comme la plupart des

gens, que les voyants et médiums étaient des trompeurs, des charlatans et comme elle baignait depuis plusieurs mois dans le paranormal, elle voulait savoir : pour les fécondations in vitro, elle avait volontairement menti mais qui fut le/ la plus surpris(e) ?

Elle craignait de l'avouer à Bruno car Lisa et deux bébés en plus, cela faisait beaucoup. Mais il fut fou de bonheur. Il la prit dans ses bras chaleureusement. Une grande famille, génial.

Il y a quelques temps que je voulais t'en parler mais tu étais déjà très fatiguée avec Lisa mais, les enfants, la famille, c'est la vie, le bonheur.

Cette fois-ci, c'est décidé, nous déménageons, j'ai repéré deux jolies maisons en Ardèche.

D'ailleurs, il me suffit de téléphoner au propriétaire et on peut aller les visiter quand on veut.

Si on allait passer la journée là-bas, on visiterait les maisons, elles sont entièrement équipées, et on ferait un peu de tourisme. Mais Bruno, si je suis enceinte de jumeaux, je ne peux me fatiguer.

Ok, mon ange, mais ton siège est relax, tu peux te reposer et c'est moi qui conduit. Lisa sera dans son couffin. D'accord et en plus, on a besoin de changer d'air et atmosphère.

Pour la librairie, elle est entre de bonnes mains.

Oceane chargea un sac pour eux deux et un sac énorme pour Lisa.

Ils s'en allèrent en se détendant.

Les villas étaient à Privas et à Vallon-Pt-d'Arc. Ils les visitèrent toutes les deux, des merveilles et en plus, ils pouvaient déjà y vivre de suite, elles étaient aménagées.

Il fallait choisir. Oceane avait une nette préférence pour celle de Vallon-Pont d'Arc pour le relief, des basses montagnes, la rivière, la forêt, le calme et la

tranquilité. Il y avait une belle piscine couverte ou découverte et un jacuzzi dehors.
Privas, c'était très joli aussi mais plus urbain, assez touristique.
Ils choisirent pour la première, à Vallon-Pont d'Arc.
Ils allèrent manger et dialoguèrent. Le propriétaire m'a proposé que tu restes ici, la semaine, avec Lisa, vu que tu es enceinte de jumeaux et qu'il ne faut absolument pas te fatiguer.
Je pourrais te voir presque tous les jours de mon travail et tu éviterais le déménagement ?!
Qu'en dis-tu ? Oui, pourquoi pas mais on peut bien aller faire les courses, si je reste seule ici et pour lisa. Quand nous aurons fini de manger, je téléphonerais au propriétaire pour accepter.
Et nous irons faire les courses nécessaires.
Pendant ce temps, ils étaient loin d'imaginer que leur maison était ravagée par les forces surnaturelles.

FIN.

Planète Océane

Antoine et Elsa s'aimait terriblement. Ils s'étaient connus au lycée et depuis ils ne séparaient jamais plus. Ils allaient se marier dans quelques jours, tout le monde sur la plage de Bormes-les-Mimosas. Une arcaque fleurie d'un ensemble de fleurs : différentes orchidées, du bougainvillée, des hibiscus, des oiseaux du Paradis et d'autres jolies fleurs. La mariée porterait une couronne faite des mêmes fleurs comme à Tahiti. Une robe très simple comme l'était la mariée, un fourreau avec les dos ouvert et un long voile. Il restait encore beaucoup de choses à faire mais les deux familles, très sympas, étaient là pour aider.

Le jour du mariage, tout le monde se mit sur son trente et un, tout le monde était éblouissant. Un tapis rouge fut installé à partir de l'hôtel-restaurant jusqu'à l'arche fleurie. Un prêtre et un Maire étaient présents au bout du tapis rouge et attendaient patiemment. Des chaises étaient placées de chaque côté du tapis pour accueillir les invités. Des pétales de roses étaient dispersés partout. Le photographe était prévu, bien entendu. On entendit la musique de la marche Nuptiale de Félix Meddelssöhn. Le marié était déjà sur place et on vit la mariée s'avancer dans toute sa splendeur, précédée par une dizaine de petite fille habillée en tulle et portant un petit panier rempli de fleurs. La mariée était somptueuse. Il faisait beau en Bretagne ce jour là. Tout le monde applaudit. Les mariés se donnèrent la main et se souriaient. Monsieur le Maire les maria puis ce fut au tour du prêtre, l'échange des vœux et des alliances. VIVE LES MARIES ! Les invités leur lancèrent du riz, cela porte bonheur et fécondité.

Ils burent le Champagne et il y avait une quantité incroyable de petits fours. Ensuite, Ils avaient un buffet gigantesque pour tous les goûts et un immense barbecue gigantesque, colossal. Des plats de pâtes, des pommes-de-terre froide, toutes sortes d'accompagnement, des sauces, du pain de différents sortes, des légumes ; tomates, courgettes, concombres. Et puis le vin bien sûr : rouge, blanc, rosé et des boissons soft. Une plate forme était installée sur le sable et on pouvait écouter de la musique en mangeant puis chanter et danser. Il y avait une ambiance de dingues. Le soir, il y avait des demi-sandwiches fourrés puis le splendide gâteau arriva : il faisait au moins deux mètres de hauteur. A la vanille et fruits +crème chantilly et un peu de chocolat. Dans la crème vanille, il y avait un peu de noix de coco. La soirée se termina à 5 heures du matin par le lancer du bouquet de fleurs à toutes les jeunes filles présentes.

Antoine et Elsa avaient réservé une chambre d'hôtel à Saint-Tropez. Une chambre de toute beauté, intime, calme, un jacuzzi dans la salle de bains, un bouquet de roses rouges trônait sur la commode ainsi qu'une coupe en forme de beau coquillage remplie de chocolats et bien sûr une bouteille de Champagne. Au-dessus du lit, une banderole rouge gravée en lettres dorées : Vive les mariés. Ils ouvrirent la bouteille de Champagne toute fraîche et buvèrent à leur amour, enfin sanctifié. Ils firent l'amour chaleureusement, tendrement, la volupté, l' ivresse et l' enchantement, enfin mari et femme. Ils regardèrent leurs alliances, un simple anneau en or blanc pour Antoine, un anneau en or blanc couvert de petit diamant pour Elsa. Ils dégustèrent quelques bons chocolats tout droits venus de Belgique. Ils achevèrent la bouteille de Champagne et prirent une douche ensemble. Ils se couchèrent complètement nus sur les draps tellement il faisait chaud. Il se donnait la main et leurs jambes étaient entrecroisées. Ils s'endormirent ainsi.

Le lendemain matin, vers 8 heures, on sonna à leur porte et ils se couvrirent. C'était le petit-déjeuner au lit, des pans-cakes, des fraises, une petite gaufre à la crème, un croissant, un jus de fruits frais et un grand café bien chaud. Ce soir, il partait en voyage de noces aux îles Fidji. Mais en croisière sur une partie des fleuves et des mers du Sud. Le petit-déjeuner terminé, ils s'habillèrent. Ils emportèrent la robe de mariée, le costume du marié, les roses et le coquillage avec les chocolats. Tout était déjà payé. Ils se rendirent chez les parents d'Elsa et puis ceux d'Antoine pour préparer leurs valises et se faire beau pour grimper dans le paquebot Mondo 2 où ils allaient passer deux mois.

Ils dirent au revoir à tout le monde et se rendirent en bas du paquebot à Marseille, +/- 50 kilomètres de chez eux. Il y avait déjà pas mal de monde qu'ils devaient enregistrer, aussi était-ce assez lent. L'équipe qui s'occupait de l'animation était dehors et souhaitait la bienvenue aux passagers avec un collier de fleurs autour du cou. Quand tout le monde fut à l'intérieur, le Commandant salua tout le monde et fit un petit discours de bienvenue. Un apéritif fut offert à chacun. Déjà, des couples faisaient connaissance. L'ambiance était au beau fixe. Les membres du personnel étaient chargé de mener chaque couple ou personne, dans leur chambre, dans leur cabine. Un luxe incroyable, un lit 200x200, une penderie assez vaste pour y mettre aussi bien les vêtements de Monsieur et de Madame. Deux tables de nuit et sur la commode, un magnifique bouquet de fleurs. Une salle de bain était attenante. Il y avait un petit bar /frigo rempli de boissons fraîches et de friandises. Canon ! Ils avaient reçu chacun une carte pour ouvrir ou fermer leur porte. Tout le monde se réunit sur le pont pour le grand départ. Un cocktail à la main, les « klaxons » du bateau mis à fond, les vacanciers firent au revoir aux pauvres travailleurs restés à terre

Voilà, les vacances commencent. Le bateau prit la mer. En route pour Vanua Levu, aux îles Fidji avec beaucoup d'escales pour visiter. Deux mois ensemble autour du monde avec un avant goût du Paradis. Ils se dirigeaient vers le Sud de l'Italie : la Côte Amalfitaine.Le repas de midi fut servit, absolument délicieux, d'une finesse incroyable. Accompagné d'un bon vin blanc frais. Antoine et Elsa montèrent à leur cabine et se changèrent pour des vêtements plus légers, on sentait que la chaleur augmentait. Et puis c'était les vacances ! Ils s'apprêtaient à faire une petite escale au Sud de l'Italie : Crotone en particulier : parc archéologique de Capo Colonna, l'église Santuario di Santa Maria di Carpocolonna. Ensuite ils prirent un bus et allèrent faire une randonnée au Stromboli en Sicile. Il n'était pas en éruption mais les sommets étaient bien rougeâtres et pouvait éclater à n'importe quel moment. C'était fascinant à voir. Les appareils photos de toutes sortes crépitaient sans arrêt. Ils reprirent le car jusqu'au paquebot. La plupart se baignaient dans les piscines. Antoine et Elsa, prirent un thé et s'installèrent dans les transats mais côté ombre car il faisait chaud. A 16 heures, chacun eu une part de gâteau au citron. Il faisait tellement chaud qu'ils s'installèrent dans un jacuzzi libre. Il y en avait plusieurs sur le pont du paquebot. Ils commandèrent un cocktail fruité sans alcool. Le paquebot longeait le Sud des îles Grecques.

Le Paquebot fit escale à l'île de Crète. Une des plus belles. Ils avaient toute la nuit à eux, mais devait être rentrés à 8 heures pour le petit déjeuner. Beaucoup d'entre eux sortirent au bar Casa Nostra et puis au Peacock Tail Bar. Ils buvaient et dansaient en toute liberté, ils faisaient connaissance avec d'autres passagers et aussi des habitants de l'île. Ambiance ! Ils terminèrent leur soirée en amoureux en se promenant sur la plage. Ils rentrèrent au navire et allèrent se coucher. La fatigue et l'alcool les rendirent K.O. Ils furent réveillés à 8 heures avec le petit déjeuner au lit, waouaw ! Le bateau avait repris lentement son cours vers l'Egypte.

Les deux amoureux profitèrent de la piscine et firent quelques longueurs. On mangeait tellement bien ici, il n'était pas question de prendre des kilos. Puis ils disputèrent quelques parties de tennis de table. Ils prirent une douche ensemble, se savonnant l'un l'autre entre-autres sur des parties particulièrement sensibles, ils s'enveloppèrent dans des essuies et Antoine porta Elsa toute légère sur le lit. Il la caressa sur tout son corps superbement sculpté et l'embrassa chaudement. Leurs langues se cherchaient, se trouvaient..., Elsa chercha le pénis d'Antoine, le caressa, le suça, Antoine ne restait pas à rien faire, il caressait les seins d'Elsa, mordillait ses tétons, et il la pénétra, il ne pouvait résister, ils jouirent ensemble, en retenant leurs cris de jouissance pour les voisins sinon ils auraient réveillés le paquebot en entier du moins les passagers. Ils s'habillèrent relax pour visiter bientôt l'Egypte. Ils accostèrent à Alexandrie. Soit ils pouvaient suivre le guide ou partir seul mais devaient être rentrés sur le bateau à 20 heures.

Elsa et Antoine partirent avec le guide francophone car ils ne connaissaient rien et ne souhaitaient pas se perdre : Ils visitèrent d'abord les sites historiques d'Alexandrie puis le Musée du Caire, ensuite les pyramides de Gizeh et le Sphinx et dans le désordre : Sakkara, Memphis, Louxor, Edfou, Karnak, Abou Simbel et le temple funéraire d'Hatchepsout. Ils en avaient plein les yeux. Et dire que cela avait été construit il a plus de 4000 ans et tenait toujours debout. Ils n'oublieraient jamais ces endroits. Le lendemain, une surprise les attendait, tout le monde s'apprêtaient à continuer le voyage mais le paquebot n'avait pas bougé. Nous avons décidé de passer une journée de plus en Egypte ! Vous ne pouvez pas quitter ce merveilleux pays sans voir la Mer Rouge et Hurghada ! Vous y ferez ce que vous voudrez, plongée sous-marine, bronzage, shopping, nager avec les dauphins, artisanat. Pour les repas de midi, il sera servi sur la plage et pour le soir, retour au bateau pour 20 heures.

Elsa et Antoine choisirent de nager avec les dauphins puis faire de la plongée sous-marine. A midi, ils mangèrent uniquement des fruits et beaucoup d'eau fraîche. L'après-midi, un peu de bronzage, ils visitèrent les ateliers d'artisanat et firent un peu de shopping : Antoine acheta une chemise hawaïenne et Elsa une longue robe dans les tons verts avec des dessins représentant Hurghada. Ils se promenèrent main dans la main les pieds dans la Mer Rouge. Rentrés au bateau pour le souper, ils s'interrogèrent, il y avait des grands cœurs rouges qui pendaient au plafond et un peu partout. Tout le monde à table, le repas fut servit comme toujours délicieux puis le Commandant fit une annonce : nous avons sur ce paquebot deux jeunes couples qui viennent de se marier, c'est pourquoi nous les fêtons un peu. Il s'agit d'Alix et Roger et Elsa et Antoine, Félicitations !!!!!!!On amena deux énormes gâteaux pour tout le bateau. Ils furent applaudis par les touristes en entier. On versa le Champagne.

Le lendemain, après le petit-déjeuner, le Commandant déclara ouvert le concours des meilleurs vacanciers ! Il s'agissait d'un parcours d'épreuves sportives et intellectuelles et celui qui aurait le plus de points gagnerait une caisse de 6 bouteilles de vin Pommerol. Les vacanciers étaient excités et tous participaient : par exemple nager 2 longueurs de piscine, confectionner un quatre-quarts, répondre à des questions de culture générale, etc. La personne qui gagna fut l'autre jeune marié. Ce fut le début d'une fête faramineuse : musique, danse, cotillons, ballons, nourriture au barbecue……..

Ils descendirent le Canal de Suez, longèrent le Yemen, l'Oman pour arriver en Mer d'Arabie pour arriver dans le Sud de l'Inde, les paysages étaient splendides, même du paquebot, ils pouvaient voir les décors, les bâtiments de l'Inde étaient d'une beauté insolite et singulière. Ils descendirent le long de l'Ouest de l'inde et firent escale à Bombay : retour 20 heures. Ils visitèrent les Grottes d'Elephanta et le Bollywood Tour, ensuite promenade dans la ville au gré de leurs envies. Ils visitèrent Goa également avec les nombreuses cascades et les plantations d'épices. Ils rentrèrent au bateau pour le souper, prirent le temps de se doucher et de se changer. Après le souper, ils allèrent boire un verre au bar du bateau, ils faisaient d'excellents cocktails. Ils dansèrent un peu et papotèrent avec un couple d'à peu près leur âge. Ensuite, retour dans la cabine, ils étaient tout bronzés tous les deux, ils se serrèrent l'un contre l'autre, se caressèrent et firent l'amour tendrement, ils ne prenaient ni l'un ni l'autre de contraceptif, si cela tombe, elle pourrait tomber enceinte.

Le bateau reparti après le souper vers Mangalore puis le Sri Lanka. Tout le monde était fatigué et peu restèrent au bar ce soir là. Le lendemain, le paquebot entra dans le fin passage de Palk qui séparait l'inde du Sri Lanka. Le paquebot, par la Mer des Laquedives longea toute la côte Ouest du Sri Lanka, ils ne firent pas d'escale. Direction Malaisie ! Là, ils naviguèrent presque trois jours pour atteindre la Malaisie. Ils eurent une journée pour visiter : parc national de Tamay Negara à Kuala Lumpur et les grottes de Batu. Le midi, ils mangeaient toujours en ville mais avaient un bon repas le matin et le soir sur le bateau. L'Indonésie toute proche était constituée de plus sieurs îles : Java, Bali, Célèbes, Sumatra Lombok, Bornéo, Florès, Komodo, Timor,…etc. Ils ne feraient aucune escale.

Il aurait fallut choisir l'île ou les îles à visiter et comme le paquebot était énorme, cela aurait été compliqué pour accoster. Aussi, ce n'était pas le but du voyage, celui-ci étant les îles Fidji. Direction l'Australie par le Nord ! Océan Indien, Mer de Timor, Mer d'Arafuna, arrivée à DARWIN. Ils venaient de se réveiller, ils avaient bien dormis balancés par les remous provoqués par le bateau, ils se sentaient bercés et il ne fallut pas longtemps pour tomber dans les bras de Morphée. Petit déjeuner et puis allocution du Commandant. Comme chaque jour, rentrée et souper à 20 heures, faites attention de ne pas vous perdre et surtout de ne pas vous faire dévorer par un crocodile, ils sont nombreux ici. Bonne journée en Australie et profitez-en. Chacun choisissait ce qu'il voulait faire, les activités étaient nombreuses au départ de Darwin. Elsa et Antoine partirent en excursion en ferry aux îles TIWI avec les Aborigènes, Ils apprirent une partie de leurs mœurs et à manger comme eux. Ils ne savaient pas ce qu'ils mangeaient mais c'était spécial mais pas mauvais. Ces personnes étaient si gentilles, naturelles, calmes, un vrai charme. Ils visitèrent aussi en coulisses la ferme perlière de Grand Bay et récolte en direct. Et pour terminer, ils visitèrent un élevage de crocodiles. Ils rentrèrent au bateau bien avant l'heure, ils étaient bien fatigués. Ils achetèrent un cocktail fruité et s'installèrent dans les transats. Ils somnolèrent tous les deux après un échange de plusieurs baisers. Le lendemain, on descend à Cairns et la Grande Barrière de Corail. Au souper, petite surprise qui n'enchanta pas beaucoup de personnes, ils leurs firent goûter de la viande de crocodile. Pourquoi pas, pour l'expérience ?! Elsa et Antoine goutèrent, pas un goût extraordinaire, on ne savait pas dire si c'était salé, sucré, amer, pas épicé en tout cas ! Heureusement qu'ils avaient prévus du poulet pour le souper.

Le lendemain était un jour attendu par la plupart des touristes. Un grand jour. Ils accostaient à Cairns. La Grande Barrière de Corail !!! Le rêve de beaucoup d'entre nous. A peine sortis du bateau, ils furent accueillis par les moniteurs et équipés comme il se doit. Combinaison, palmes, masque et bonbonnes d'oxygène. Tout le monde est équipé ? Les personnes qui ont un rond rouge sur le ventre suivent le moniteur en rouge et ainsi de suite, ils expliquèrent les mouvements à faire si tout allait bien ou s'il y avait un problème. Et ils sautèrent à l'eau. Grandiose, un feu d'artifice, le Paradis. Des coraux de diverses couleurs, des poissons plus ou moins grands portant des couleurs extraordinaires. Ils virent quelques requins mais pacifistes, des tortues marines, des étoiles de mer, les moniteurs filmaient tout et feraient un DVD pour chaque personne. Super sympa ! Ils n'avaient jamais vu quelque chose d'aussi beau dans tous les voyages qu'ils avaient faits. Elsa et Antoine évoluaient la main dans la main. Ils n'avaient jamais étés aussi heureux. C'était indescriptible ! Les moniteurs firent signe de remonter. Les bonbonnes d'oxygène allaient être vides. Ils se changèrent et profitèrent de la plage pour faire un peu de bronzage.

Il y avait pleins de choses à faire à Cairns et dans les environs mais la plongée ne quittait pas leur esprit, c'est comme si il y était encore. Certains allèrent se promener dans la forêt toute proche, Antoine et Elsa découvrirent un coin de végétation avec plusieurs cascades, splendides, ils restèrent là à regarder et apprécier le lieu, enlacés, amoureux. Ils n'étaient pas seuls, dommage, car c'était l'endroit idéal pour faire l'amour. Ils en mouraient d'envie mais ne voulaient pas servir de spectacle. Ils allèrent manger dans un joli bar typique de la plage, assis en terrasse : Poulet Parmingiana, Meat Pie and Fish ans chips. Ils burent de la bière blonde typiquement Australienne : la Victoria Bitter et la Coopers, ils achetèrent une cargaison de bières différentes pour rapporter en France, ils étaient des amateurs de bière et les copains aussi. Retour au paquebot, qu'est-ce qu'il était beau, Antoine l'avait déjà prit en photo une bonne centaine de fois, lol.

Le lendemain, après le petit-déjeuner, le bateau leva l'ancre en direction des Iles Fidjis. En empruntant l'Océan Pacifique Sud. Le paquebot arriva à l'île Fidji dans la soirée, les amoureux avaient réservé à Viti Levu qui est la plus grande île des îles Fidji, leur bungalow sur l'eau était à Sigatoka. Ils durent passer une dernière nuit sur le paquebot et souper car il faisait trop noir pour s'y retrouver. Le lendemain, ils débarquèrent leurs valises et un mini bus les conduisit à leur bungalow. Le lagon était un mélange de vert différents mélangés au bleu, et la végétation était tout près. Le bungalow était un condensé de maison en bambous il y avait tout ce qu'il fallait dedans pour y vivre + d'un mois. Un coquillage de rêve sur la commode remplie de composition florale. Et en arrivant, chacun eu un collier de fleurs et de coquillages autour du cou. Ils s'embrassèrent et firent l'amour sur la petite terrasse du bungalow. Ils tombèrent à l'eau d'une température de 27 ° ! La Capitale des Iles Fidji est Suva. Il y avait de nombreuses choses à voir surtout basée sur la nature et l'eau. Dans le désordre : Temple Hindou sacré aux couleurs vives, Taveuni : cascades, Colo-l-Suva : Forest **Park**. Les Fidji, pays du Pacifique Sud, sont un archipel composé de plus de 300 îles. L'endroit est célèbre pour ses paysages à la beauté sauvage, ses plages bordées de palmiers, ses récifs de corail et ses lagons aux eaux cristallines. Ses principales îles, Viti Levu et Vanua Levu, concentrent la majeure partie de la population. Suva, ville portuaire de style colonial anglais, se trouve sur Viti Levu. Le Fiji Museum, situé dans les jardins de Thurston, qui datent de l'époque victorienne, présente des expositions ethnographiques.

A voir également : un trek fascinant dans la jungle, une croisière autour des îles, se relaxer dans une source d'eau chaude naturelle. Et beaucoup de sports nautiques, de bronzage, de randonnées. Pour manger, ils avaient quelques spécialités : Parmi les spécialités, vous aurez le choix entre le kokoda (poisson au lait de coco et citron vert), l'ika (poisson au four), le palusame (feuilles de taro cuites dans du lait de coco), le rourou (plat à base de taro), le kassaua (tapioca cuit au four, gratiné avec du jus de noix de coco, du sucre de canne. **Fiji** cultive son propre café, distille du rhum (le Bounty) et même du gin (médiocre), et brasse sa propre bière – notamment la très populaire **Fiji** Bitter (alias Stubbie), une broue costaude. La **Fiji** Gold est plus légère. Le seul animal dangereux aux îles Fidji est le moustique !!! **Sur les 1600 plantes répertoriées, environ 60% sont endémiques. 24 espèces de palmiers sur les 30 que possèdent les Fidji, ne se trouve que dans cet archipel**. La forêt tropicale occupe surtout la partie est du pays, dont le taux d'humidité dû aux alizés, est supérieur au reste du pays.

Le matin, on leur apportait le petit déjeuner dans leur bungalow qu'il prenait soit au lit, soit sur la terrasse du Bungalow. Ils profitaient de la vue éblouissante autour d'eux. Ils profitaient de la végétation, de la jungle, de l'océan, ils ramassaient de gros coquillages roses de toutes beautés. Ils se faisaient bronzer. Ils firent une journée en bateau avec un guide tout autour des îles, enfin presque car il y en avait plus de cent. La nourriture était délicieuse, pleins de fruits exotiques méconnus mais délicieux, ils en firent une sacré cure. Ils faisaient l'amour très souvent et un peu partout, même là où l'autre jour ils auraient aimé le faire près des cascades. Il n'y avait personne, ils le tentèrent et ils tombèrent à l'eau des cascades. Ils partageaient d'énormes fous rires. Ils allaient boire une bière, ou un cocktail. Ils parlaient en Anglais avec les habitants de l'île. Elsa qui adorait toutes les fleurs que ce soit ici ou n'importe où, en cueillait toujours un peu pour mettre dans un vase avec de l'eau dans le bungalow. Ils prenaient des tas de photos. Leur mois sur l'île arrivait à sa fin. Ils n'oublieraient jamais ce sublime voyage de noces. Et puis, ils avaient des milliers de photos, certainement, car ils avaient chacun leur appareil de très bonne qualité. Au magasin de souvenirs, ils avaient acheté des gros coquillages et des masques, ainsi que quelques objets d'artisanat local + leur cargaison de bières en Australie. Ils demandèrent au Chef du Restaurant s'ils pouvaient faire installer une table à moitié sur le sable et à moitié dans l'eau. Il accepta et leur fit un souper Royal avec du Champagne. Ils reçurent un collier de fleurs et de coquillages chacun autour du cou. Un orchestre de là-bas vint jouer une demi-heure près d'eux pendant l'apéritif. Ils avaient les larmes aux yeux tout les deux.

Ils rentrèrent à leur bungalow et un peu éméchés, ils s'endormirent de suite. Au matin, petit-déjeuner costaux et ils se préparèrent pour aller au Bateau. Un service de transport de l'hôtel vint les aider et conduisirent le tout jusqu'à la camionnette qui les emmèneraient au Paquebot, et re larmes aux yeux. Départ dans deux heures. Ils saluèrent tout le monde et se rendirent dans la même cabine qu'au départ. Cette fois, il n'y aurait pas d'escales de prévues. Ils allèrent sur le pont et dégustèrent une bonne bière fraîche. Ils s'asseyèrent dans les transats. Elsa avait une petite faim et Antoine alla lui chercher un morceau de gâteau à la noix de coco, son préféré.

Tous les touristes étant présents, ils décidèrent de quitter Fidji, ils ne feraient pas d'escales cette fois-ci. Tout le monde se rendit dans le restaurant pour le souper. La fatigue et la tristesse, la mélancolie ne donna pas envie aux touristes de faire la fête. Presque tous allèrent se coucher. Elsa pleura dans les bras d'Antoine, et voilà, nos fabuleuses vacances terminées ! Mais ne pleures pas ma douce, il y en aura d'autres ailleurs. Elsa était fleuriste et Antoine Chef Pâtissier dans un grand Hôtel sur la Côte d'Azur. Ils dormirent enfin et Elsa dormit toute la journée du lendemain, tristounette. Antoine lui apporta à manger.

La nuit suivante, de grosses vagues faisaient tanguer le paquebot, beaucoup avaient des nausées. D'énormes nuages noirs couvraient le ciel. Des éclairs et le tonnerre s'en donnaient à cœur joie. Le vent soufflait à 150 kms /heure. On sonna les alarmes et tous les passagers se rendirent sur le pont. Un énorme rocher sous la mer accrocha le bas du bateau et fit une déchirure, l'eau entrait par là et sur les côtés à cause des vagues énormes, la mer venait de partout. Le bateau était complètement déséquilibré. Et comme tous les touristes se trouvaient à la droite du bateau (l'arrière était défendu car il y avait du matériel, des machines…etc), le poids du bateau portait vers la droite : 6.000 passagers x combien de kilos ? On entendait des hurlements, où est ma fille ? Mon mari, mon mari ? Le paquebot tangua plusieurs fois et s'écroula vers la droite, le reste allait couler tout doucement. Les canots de secours furent mis à la mer et d'abord les personnes âgées et les enfants pouvaient y prendre place. Ensuite, cela se passait par âge : les plus âgés puis de plus en plus jeunes et ainsi de suite. Beaucoup de personnes, surtout les hommes plongèrent du haut du bateau. On mit les femmes qui étaient plus nombreuses dans les quelques canots de sauvetage qui restaient. Beaucoup tombèrent à l'eau, évanouit, d'autres, dans l'eau s'accrochait à une planche ou un objet flottant. Antoine s'apprêtait à sauter à l'eau quand il reçu une barre de fer su la tête, il était mort. Non, Antoine, non, dit Elsa on vient à peine de se marier, elle pleura toutes les larmes de son corps, elle était hébétée, transfigurée, elle ne réagissait plus. Elle sauta à la mer, nagea un peu et s'accrocha à une grande planche en bois qui flottait. Elle s'agrippa à la planche et s'évanouit. Le roulis, les vagues, le vent l'emmena loin de la scène effrayante où son jeune mari avait trouvé la mort.

Beaucoup sont morts, d'autres ont pu atteindre l'île de Madagascar. Elsa vint s'échouer sur sa planche sur le sable, au bord de l'eau de ce qu'on aurait pu appeler une île déserte. La chaleur la réveilla, elle s'était cognée à la tête et avait un peu de sang séché. Elle se rappela les évènements et pleura de désespoir, de dépit, elle était seule et son mari était mort.

Mais elle n'avait pas le caractère à se laisser aller, elle devait se battre. Elle ne savait pas où elle était mais se battrait jusqu'au bout. D'abord, visiter un peu l'endroit où elle avait échoué. Gros rochers plats, une petite crique, des cocotiers, jusque maintenant pas d'animaux et pas d'eau potable. Les noix de coco étaient les bienvenues mais si elle ne buvait pas pendants 3 jours, il en était fini pour elle. Elle retourna à l'endroit d' où elle venait. Arracha des branches de palmiers et en fit avec des branches d'arbres, une éventuelle « cabane ». Elle n'avait rien d'autre avec elle. Elle mit des palmes par terre en plusieurs couches pour que le sol soit moins dur pour s'asseoir et se coucher. On voyait que cela faisait un petit temps qu'elle n'avait pas mangé convenablement, elle avait mal au ventre, des nausées et son ventre était gonflé.

Il commençait à faire noir, elle n'avait aucun repaire, elle allait essayer de casser une noix de coco tombée par terre. Elle la percuta par terre plusieurs fois, elle commençait à se fendiller, elle ne devait pas louper l'eau, le plus important, elle prit un caillou et tapa sur l'endroit où cela se fendillait, deux, trois fois et l'eau commença à couler. Elle bu tout ce qu'elle pouvait, jusqu'à la dernière goutte. Elle l'ouvrit et commença à manger la pulpe. Demain, elle irait voir plus loin si elle ne trouvait pas de l'eau et autre chose comme nourriture. Son ventre était toujours gonflé, le stress, mauvaise alimentation, mort de son mari, le manque de liquide ? Cela pouvait venir de plusieurs choses ! Elle tenta de se mettre le mieux possible pour dormir et elle était tellement éreintée, qu'elle s'endormit immédiatement malgré la dureté du sol. Au matin, mal réveillée, elle pensa à son mari, à la façon dont il était mort, de leur merveilleux voyage de noce, elle n'avait même pas pu sauver leurs photos. Coûte que coûte, elle devait survivre, elle bu le liquide d'une noix de coco et mangea un morceau de la pulpe. Elle partit en « randonnée » pour voir s'il y avait d'autres habitants et de l'eau potable, surtout de l'eau. En fait, c'était une petite île, aucune personne à l'horizon, ni maisons. Des cocotiers à perte de vue, des palmiers, des rochers, du sable !!! En revenant à son emplacement, par l'autre côté, oh mon Dieu, une fine cascade qui venait de l'intérieur des rochers et formait un petit bassin. Elle n'hésita pas, ne fit ni une ni deux et se lança dans le bassin à moitié habillée, car comme elle était seule, personne ne la verrait, juste un short et son soutien gorge. Elle but énormément à la cascade. L'eau était fraîche et bonne. Elle alla chercher les deux coquilles de noix et les remplit à ras bord pour avoir toujours à boire, le plus important. Qu'allait-elle faire de ses journées : visiter la petite île et se faire bronzer mais le soleil tapait dur. En attendant, elle prit une coque remplie d'eau et alla s'installer à l'ombre des rochers. Elle buvait par petites gorgées et pensait, pensait à tout ce qui s'était passé. De gros bateaux ne passeraient certainement pas par ici, elle pensait bien finir sa vie ici, elle allait devenir folle. En attendant, elle aperçut quelques crabes, ça se mange, ça le crabe !!! Elle faisait partie des scoutes étant jeune adolescente et elle avait apprit à faire pleins de trucs dont du feu. Elle essaya d'attraper les crabes sans se faire mordre, les écrasa doucement avec son poing. Bon, le feu maintenant ! Pas de lunettes ni de loupe ! Bon ben, revenons à l'ère préhistorique : une pierre comme silex et un morceau de bois dur, tout cela en plein soleil. Elle les frottas l'un contre l'autre, pas facile ! Mais au bout de 20 minutes, une flammèche, remettre un fin bois dessus et le feu prit ! YES.

Elle fit des torches et en mis à plusieurs endroits pour avoir toujours du feu. FEMME INTELLIGENTE, ICI. Elle éclata de rire malgré elle.

Mais ce qui la tracassait, plus le temps passait plus son ventre gonflait. Elle fit griller les crabes et les mangea, HUM, délicieux. Elle suçait jusqu'au bout. Une fois terminé, elle but goulument et alla rejeter à la mer, les restes de crabes. Elle s'étendit un peu à l'ombre. Mais des sortes de gargouillis dans son ventre la dérangeaient. Elle cru que les crabes étaient encore vivants, en riant. MAIS, attends un peu, on a fait plusieurs dizaines de fois l'amour pendant notre voyage de noces, cela fait le troisième ou quatrième cycle qu'elle n'avait plus ses règles et ses maux de ventre, ce ventre qui gonflait et les nausées : Elle était ENCEINTE ! Elle était stupéfaite. Elle n'y avait pas pensé une seule seconde. Comment allait-elle accoucher seule sur l'île, nourrir le bébé, le langer, l'habiller. Plus les jours passaient, plus elle grossissait et ses seins aussi. Elle cherchait sur la petite île comment faire. Elle étala des feuilles de palmes dans sa cabane, encore et encore pour être assez bien installée, elle construisit une sorte de panier ovale avec des feuilles de palmiers en les tressant pour y mettre le bébé, elle trouva une pierre très tranchante pour couper le cordon ombilical et elle ferait du feu devant la cabane. Elle prévoya deux coques d'eau. Et elle attendit. Elle déchira son t-shirt en deux pour habiller son bébé ainsi que l'autre morceau pour se l'attacher autour du cou et porter son bébé comme les femmes Africaines. Elle vit un petit lapin et essaya de l'attraper, elle mourrait de faim. Elle finit par l'attraper, il n'était pas bien gros.

Elle le dépiauta, enleva les viscères et cuit ce qui était mangeable. Elle se régala. Oui, un pauvre petit lapin mais quand on est seule sur une minuscule île déserte, on se démerde comme on peut. Elle jeta la carcasse aux oiseaux.

Soudainement, elle eu une crampe immense dans le bas ventre, et elle perdit les eaux. Elle retourna à sa cabane, elle avait construit une porte en palmiers. Elle pensa fort à son mari. Que de l'au-delà, il puisse l'aider. Les contractions se faisaient de plus en plus fortes et douloureuses. Elle poussait aussi fort que possible. La tête était passée, des petits cheveux bruns comme son papa. Elle poussa encore, essayait tant bien que mal de se servir de ses mains et tout à coup en poussant une très grosse fois, le bébé glissa en dehors. Oh mon Dieu, mon bébé est là, regardes Antoine, c'est notre petite fille, conçue lors de notre bonheur, notre merveilleux voyage. Elle prit le bébé contre elle, peau contre peau et la réchauffa, la couvrant de baisers. Elle alla dans le bassin près de la cascade et lui donna son premier bain, froid, elle pleurait. Elsa se lava aussi.

Elles rentrèrent vite à la cabane elle enveloppa Océane, c'était le prénom qu'elle lui avait donné, dans le morceau de t-shirt déchiré. Elle essaya de la mettre au sein et cela fonctionna, elle téta goulument sa maman. Elle avait faim car elle téta le deuxième aussi. Ensuite, elle la mit pas très loin du feu où elle ne risquait rien et avait bien chaud. Elsa la mettait dans le petit couffin en feuilles de palmes. Les journées passèrent à une vitesse incroyable. Le bébé prenait tout le temps libre d'Elsa. Comme couches, elle avait déchiré le bord de son bermuda, et elle les lavait au fur et à mesure. Elle la faisait téter trois fois par jour. Elle l'attachait contre elle pour chercher de la nourriture. Elle mangea plusieurs fois des crabes, pêcha à la main un poisson, et oui ! Et de temps en temps du lapin sinon, elle se contentait des noix de cocos. Pour l'eau potable, elles avaient la petite cascade et le « bassin » pour se laver. Son bébé ne la quittait pas et elle ne quittait pas un instant son bébé. Et les jours passaient, Elsa avait raconté l'histoire à Océane qui grandissait très bien, sa maman lui apprenait à parler convenablement. Deux ans étaient passés.

Dis maman, si on jetait une bouteille à la mer, peut-être on nous répondrait. Mais ma chérie, réfléchis, nous n'avons pas de bouteille, ni de crayon ni de papier. Ben oui, c'est vrai, alors on va mourir ici ? Je ne sais pas ma puce, je ne sais même pas où on est .Je sais, je vais écrire sur la grande plage avec des morceaux de bois : SOS, c'est comme cela hein maman .Oui ma chérie. C'est ce que fit la petite fille, elle avait 2 ans et demi. Bien sûr, cela ne fonctionna pas, elles devaient se trouver sur une île perdue. Un mois plus tard, un hélicoptère passa, Rien. Puis les petits avions commencèrent à survoler l'île jour après jour. Deux jours plus tard, un hydravion se posa sur l'eau face à la cabane. Océane sortit de la cabane et la maman rapportait justement de l'eau. Elle laissa tout tomber, s'agenouilla et pleura de surprise, de bonheur. Deux personnes qui parlaient Anglais vinrent à leur rencontre.

Ils s'asséyèrent par terre et Elsa leur expliqua les moindres détails. Ils n'en croyaient pas leurs yeux et leurs oreilles. 3ans et demi à survivre et accoucher sur ce bout de caillou qui n'avait même pas de nom ! Ils avaient oublié qu'elles avaient certainement faim, ils avaient ce qu'il fallait dans l'hélicoptère et à boire du soda ! Ils reprirent l'hydravion .Vous venez d'où ? Des îles Kerguelen, on travaille là-bas, chapeau à votre fille et son message !

Où voulez-vous qu'on vous reconduise ? Nous vivons à Bormes-les-Mimosas, côte d'Azur en France. On va vous déposer à Madagascar et là un avion militaire vous conduira jusque Marseille. Elsa n'y croyait pas. A Marseille, une camionnette de l'armée les reconduirent chez elles. La maman d'Elsa entendait beaucoup de bruit, elle sorti et reconnu sa fille qu'elle croyait morte depuis plusieurs années et qui était cette petite fille ? Bonjour maman, elles fondirent en larmes toutes les deux, et cette jolie petite fille est ta petite fille, la fille d'Antoine. Il doit nous voir de là-haut et être heureux.

FIN

POUR TOUJOURS

Lola est une jolie, très jolie jeune femme de 24 ans, très longs cheveux roux, quelques taches de beauté sur le visage, +/- 1 mètre 75, 56 kgs. Taille mince. Elle est très intelligente et cultivée, elle s'habille très bien pas seulement à la mode, mais ce qu'elle porte est toujours assorti et elle aime les talons hauts. Elle vient juste de terminer ses études supérieures comme vétérinaire. Elle adore les animaux depuis toute petite.

Elle va se marier dans quelques jours avec Liam, homme magnifique, sportif, aussi intelligent et cultivé. Un mètre 90 cms, 85 kgs, très bien foutu. Cheveux noirs et barbe noire. D'origine Italienne. Il vient de terminer ses études d'architecte, il a 26 ans. Ils se sont connus au club de tennis de table pendant leurs études. Coup de foudre pour les deux.

Sam, un ami de Liam, depuis leur plus tendre enfance, passait tout son temps libre avec eux. Lola en avait un peu marre, il était très gentil et mignon, mais elle aurait aimé être un peu seule avec son futur mari. Alors Lola, prête pour le grand jour, demanda Sam ? Oui, pratiquement ! Et ta robe, comment est-elle ? Ah ça c'est un secret ! Même à ton meilleur ami ? Mais tu n'es pas mon meilleur ami, tu es celui de Liam. Et vlan ! Je n'ai pas de meilleur ami, à part mon futur mari. Je n'ai que des amies filles. D'ailleurs, on fête cela ce soir entre filles. On prend l'apéritif chez mes parents et on regarde un film d'amour. Puis on va au restaurant et on sort danser mais attention aux déguisements !!!! On va faire la fête en plein, rien que des filles, on s'amuse toujours mieux quand on est seulement entre filles.

Un soir, rentrant du boulot très fatigués, ils se décidèrent pour aller au restaurant. Juste au moment où ils allaient sortir, Sam arrivait avec un grand plat de pâtes froides mélangées avec du thon au naturel, des tomates, du jambon cuit, des œufs cuits durs. Toujours là quand il le fallait, le bougre. Ils se sentirent bien obligés de manger son plat, délicieux, soi-dit en passant. C'était gentil de sa part mais les amoureux avaient vraiment envie de passer du temps agréable en amoureux. Surtout qu'il décrivait à chaque fois les tenues de Lola. Elle se sentait gênée. Le lendemain, pendant son temps de midi où elle avait envie d'aller se promener un peu seule, Sam arriva avec deux énormes sandwiches, alors qu'avec le quart d'un seul, elle avait assez. Et il répliqua : alors je peux faire les rendez-vous quand vous n'êtes pas à deux ? Elle serra les dents et les poings pour ne pas hurler.

Lors de l'enterrement de la vie de jeune fille, ils faisaient la même chose pour les garçons mais pas ensemble évidemment. Les garçons noyaient surtout cela dans l'alcool et les filles, chez Lola, dansaient, buvaient du Soda et faisaient du Karaoké et autres jeux. Fous rires garantis. Chez les garçons, gueules de bois garantis. Sam voulait absolument allez s'amuser avec les filles, Liam ne voulait pas, cela ne se faisait pas, oui mais on s'amusera mieux. NON, dit Liam. Ils continuèrent à se raconter des blagues salaces mais Sam, quand il avait quelque chose en tête ! Il alla frapper chez les filles et força l'entrée, il prit Lola dans ses bras et la fit danser. Elle était furieuse et le gifla. Cela lui fit l'effet d'une bombe, il devint rouge comme une tomate et Liam vient le rechercher en s'excusant.

Et voilà, fête terminée à cause d'un débile bourré à l'alcool. Comment est-ce possible de se conduire comme cela à son âge ! Et dire que c'est le témoin de Liam au mariage, cela promet ! S'il se conduit de la même façon, cela va être beau mais di Lola le voit un peu trop éméché, elle le sort et ses amies comme renfort. Elle ne pourrait supporter qu'il gâche le plus beau jour de sa vie. Elise lui en avait parlé, Elise était la sœur de Lola, ne crois-tu pas que Sam est fou amoureux de toi ? Il essaie de se trouver là où tu es le plus souvent possible ! Arrêtes, pas de connerie, il sait que je me marie demain avec Liam qui est son meilleur ami. Il aurait réagit avant si il était amoureux de moi, c'est un peu tard, mais de toute façon j'aurais refusé. Il m'énerve avec ses blagues à la con, il se croit irrésistible.

Le grand jour est arrivé, toute de blanche vêtue, Lola était très émue, elle allait épousé son copain d'enfance, Liam, le petit garçon qui, à l'époque, tirait toujours sur ses tresses, il était toujours derrière elle et lors d'une excursion scolaire, lui avait acheté avec son argent de poche, un pendentif en forme de cœur. Elle ne l'oublierait jamais. La robe de Lola était splendide, comme elle était mince, sa robe se serrait à la taille et s'évasait très fort, le dessus en bustier et une couronne de fleurs dans les cheveux comme à Tahiti. Les invités étaient déjà à l'église. Le mariage civil s'était fait le matin en petit comité à la Mairie du Village. Tous les voisins étaient devant chez eux pour applaudir les jeunes mariés, enfin presque .Les invités étaient nombreux et s'étaient mis sur leur 31, quel beau monde. Un petit garçon tenant une canne et une petite fille en blanc et rose précédaient les mariés. Liam avait offert un bouquet de toute beauté à sa promise. Le témoin, Elise, la sœur de Lola avaient les alliances. Ils n'avaient pas osé les confier à Sam qui se mêlait déjà de tout. Les cloches sonnèrent à l'église. Les mariés s'avancèrent précédés par les deux enfants, et suivis de leurs témoins. Tout le monde s'assit. Les orgues de l'église jouaient la Marche Nuptiale de Mendelssohn. Le prêtre arriva et tout le monde se leva et la messe se fit, échanges des souhaits, échanges des alliances et ils fut mariés et bénis devant Dieu et devant les hommes. L'Ave Maria de Schubert accompagna les mariés et les invités à la sortie de l'église, une pluie de riz et de pétales de roses signa ce triomphe de l'amour. Sam, bien éduqué, lança des confettis, nous n'étions pas au Carnaval. Il eu le toupet de prendre la mariée et de la soulever dans ses bras. Les gens étaient outrés, le marié en eut le souffle coupé et la mariée le gifla. Ben quoi ?! C'est ta fête non ?

L'apéritif bien arrosé au Champagne et /ou au soda rassembla 200 personnes. 120 seulement restaient pour le repas. Un immense buffet avec vraiment tout ce qu'on pouvait imaginer pour plaire à tout le monde. Avec l'apéritif, des petits fours chauds et froid, des carrés de fromage et des carrés de différents saucissons. Liam et Lola étaient resplendissants, le photographe avait fait de magnifiques photos et continuerait à en faire tout au long de la réception. Les jeunes mariés avaient décidés d'ouvrir le bal sur un slow très langoureux. Et Sam bien sûr termina le slow en piquant la mariée à Liam. Liam fit un effort surhumain pour ne pas envoyer un coup de poing à Sam, il ne voulait pas envenimer la fête ! Il reprit Lola et ils sortirent prendre l'air. Le ciel était tout dégagé, on voyait presqu'entièrement la voie lactée. On entendait le chant des cigales. Ils s'embrassèrent : nous voilà l'un pour l'autre, jusqu'à la nuit des temps. Tu me fais un bébé ? Quoi, ici tout de suite, sur la table ! Ils eurent des fous rires, ils s'entendaient à merveille. Ils étaient joyeux, les invités mangeaient avec appétit, et buvaient aussi : du rouge des Côtes du Rhône, du blanc d'Alsace et du rosé du Limoux.

L'ambiance était bonne, l'orchestre jouait pour tous les goûts. Le grand – père de Lola vient la chercher pour danser un tango. Avec son père, c'était la valse ! Puis tout s'enchaîna et ce fut une immense farandole. Tout le monde dansait, tout le monde chantait et des rires sur tous les visages. Sam vint chercher Lola pour un Slow, elle n'osa pas dire non. Il la serrait d'un peu trop près, elle se souvint à ce moment là ce que sa sœur lui avait dit. Le slow suivant, Liam prit Lola des mains de Sam et ils dansèrent enlacés. C'est ma femme, c'est mon mariage. Sam tirait une drôle de tête. Vint le moment tant attendu du gâteau des mariés. Il était assez grand pour le nombre de convives. En plusieurs étages, pâte brisée avec crème et fruits divers coupés en petits dés et noix de coco, le tout recouvert de chocolat blanc et de chantilly. Recouvert……du faux couple de mariés et de fleurs en pâte à sucre. Ils avaient prévus plusieurs petits gâteaux disposés autour avec des goûts différents au cas où cela ne plairait pas à certaines personnes. Les mariés s'évadèrent vers 2 heures du matin. Il y avait encore beaucoup d'invités. Une bande de petits comiques avaient attaché des casseroles et poêlons au pot d'échappement de la voiture. Les mariés partirent en fanfare. Ils passèrent une douce nuit, câline, et amoureuse dans la chambre d'hôtel qu'ils avaient réservée.

Le lendemain, il partait en avion, en voyage de noces à l'île Maurice. Sam avait voulu les accompagner et conduire la voiture jusqu'à l'aéroport. Il porta les bagages de Lola, je peux le faire tu sais !!!Oui, mais j'aime bien t'aider ! Heureusement que l'embarquement était annoncé car ils avaient cru, un bref instant, qu'il partirait avec eux. L'avion décollé, enfin, le calme, la paix, by Sam. Ils arrivèrent à L'île Maurice, le Paradis, un hôtel au bord de l'Océan Indien. Ils se baignèrent dans ce lagon qui allait des verts aux bleus. Ils voyaient les poissons tellement l'eau était claire, transparente. La nourriture surtout à base de poissons, légumes, riz et fruits, assaisonnée comme ils savaient si bien le faire, était un vrai régal. L'île, un Eden de fleurs, d'animaux, de végétaux et les habitants qui parlaient soit le créole, soit l'Anglais étaient très avenants, très souriants.

Le matin suivant, ils reçurent au courrier, un petit paquet venant de France. Une vidéo de Sam qu'il avait tourné sur lui uniquement pour ne pas qu'ils l'oublient. Çà, c'est fort, il m'énerve, je vais lui faire sa fête en rentrant. Nous sommes en voyage de noces et il faut qu'il « s'introduisent « jusqu'à nous. Dis donc, il ne serait pas amoureux de toi par hasard ? Et Liam sortit en claquant la porte, Lola était inquiète, il n'était pas encore rentré à 10 heures du soir. Lola faillit appeler la police quand on ouvra la porte de la chambre, c'était Liam largement éméché, elle lui demanda où il était passé tout se temps, qu'elle s'inquiétait et qu'elle n'était nullement amoureuse de Sam sinon elle ne l'aurait pas épousé, lui ! Il la gifla violement qu'elle en tomba par terre. Elle pleurait toutes les larmes de son corps. Son mari qui la gifle quelques jours à peine après leur mariage et pourtant elle n'avait rien fait pour ! Liam alla se coucher dans le lit nuptial, Lola prit un antidouleur, elle avait mal à la tête. Elle se coucha sur le canapé avec un plaid. Elle pleura toute la nuit et ne dormit pas.

Le lendemain matin, Liam se leva comme chaque jour et vint embrasser son épouse qui était déjà levée et habillée. Il voulu l'embrasser, elle recula, mais Lola ? Et il s'aperçut de l'œil au beurre noir qu'elle avait au visage. Mais chérie, tu es tombée, tu t'es cognée ? Ah oui, cognée, je l'ai été et par toi ! Hier soir ! Arrêtes, je ne te toucherais jamais, ce n'est pas possible ! Et bien si ! Hier, tu m'as accusée d'être amoureuse de Sam, j'ai répliqué, tu es parti et tu es rentré hier soir à 10 heures du soir, complètement bourré, je t'ai demandé où tu étais et tu m'as giflée, je suis tombée par terre, tu es allé te coucher et j'ai pleuré toute la nuit dans le canapé. Mais ce n'est pas possible, je deviens fou, jamais je n'aurais pu imaginer te faire de mal. Je ne me souviens même pas avoir pu tellement. J'ai dialogué avec deux, trois gars, sans doute un des leurs à mit de la drogue dans mon verre, en tout, j'ai bu trois bière légères. C'est la seule solution. Heureusement que tu es rentré à cette heure là car j'allais appeler la police.

Ecoute, Liam, ce que tu m'as fait volontairement ou pas, m'a fait mal physiquement et surtout moralement, notre voyage de noces n'a plus le même goût, je voudrais rentrer à la maison. Mais non, il nous reste 5 jours, on va en profiter ! Si tu me forces, je repars toute seule. Venir douter de moi concernant Sam, je ne suis pas prête de te le pardonner et notre voyage n'en est plus un. J'ai téléphoné à l'aéroport et nous avons deux billets pour aujourd'hui dans deux heures, alors tu fais ta valise en vitesse, la mienne est déjà bouclée. Liam, triste, alla faire sa valise. Jamais plus il ne prendrait une goutte d'alcool, il mettait en péril son mariage.

Le fait que Lola veuille mettre un terme à leur voyage de noces était déjà mauvais signe. Ils payèrent et prirent un taxi pour les mener à l'aéroport. Il y avait de la place pour ce soir 22 heures. Ils acquiescèrent pour deux personnes et donnèrent leurs papiers et firent contrôler leurs bagages. Ils avaient pas mal de temps libre, elle dit à Liam qu'elle aimerait se retrouver un peu seule et faire du shopping au free taxe. Il n'avait qu'à en profiter aussi. Ils se retrouveraient ici, au bar à 20 heures pour manger un peu avant d'embarquer. Elle lui fit un bisou sur la joue et s'en alla sans se retourner. Elle n'arrivait pas à digérer l'accusation de Liam à propose de Sam. Si cela avait été le cas, elle n'aurait pas épousé Liam quelques jours plutôt ! Lola se promenait dans les jolies et riches boutiques de l'aéroport. Elle s'acheta son parfum beaucoup moins cher qu'en France. Elle acheta aussi deux ou trois produits de maquillage et un très jolie foulard à fleurs.

Pendant ce temps, Liam faisait aussi son shopping, il voulait trouver un joli bijou pour se faire pardonner par Lola. Il regardait les présentoirs, Lola aimait beaucoup les bracelets : Il en aperçu un en argent couvert de pierres semi-précieuses : améthyste, émeraude, tanzanite, malachite, amazonite et saphir, chaque pierre séparée par un petit diamant, il était splendide ! Il paya, le fit bien emballer et le mit dans sa poche. Il alla boire un soda et mangea de la pâtisserie, c'était son péché mignon. L'heure avançait et on embarquerait bientôt pour Paris. On entendit des bruits très brusques, du verre cassé et des voix brutales. Un adolescent avait voulu casser la machine pour s'approprier des jeux vidéos mais bien sûr, c'était hyper surveillé, un aéroport pareil.

Liam et Lola se retrouvèrent au lieu dit. Ils étaient beaucoup moins tendus. Ils s'embrassèrent. Les voyageurs furent enclins d'embarquer dans l'avion pour Paris. Lola alla du côté hublot, curieuse. Liam à ses côtés. Quand tout le monde prévu eut embarqué, le Commandant annonça la bienvenue à tous et l'hôtesse de l'air fit les gestes essentiels. Ceintures bouclées, l'avion décolla. Ils reçurent une boisson au choix et à ce moment, Liam offrit le bracelet à Lola, elle sourit et déballa le paquet cadeau. Elle fut ébahie par la beauté de celui-ci, il était splendide, magnifique, elle avait les larmes aux yeux. Pour me faire pardonner, dit Liam à Lola. Il lui expliqua chaque nom de chaque pierre, une véritable merveille. Il lui attacha au poignet gauche. Elle était fière et contente. Ils se câlinèrent. Le repas fut apporté ainsi qu'une boisson. Ils survolaient l'Océan Indien, un beau bleu profond. Une heure plus tard, ils atterrissaient à Paris. On les attendait dans une voiture pour les emmener chez eux à Dijon. Le chauffeur était.....devinez qui ?! Sam ! Il serra la main de Liam et embrassa et serra Lola dans ses bras. Liam grouillait intérieurement. Tout le chemin jusque Dijon, Sam leur posait des questions +/- intimes sur leur voyage. Vivement à la maison, seuls, tranquilles.

Je vous ai arrangé un petit nid d'amour chez vous, je trouvais que c'était un peu vide ! Liam ne se contenait plus. Où as-tu eu les clés, qui t'a permit de changer notre décor ? Je te jure, mec, si cela ne nous plaît pas, tu ranges tout jusqu'au bout et tu remets ce que tu as enlevé. Ils arrivèrent à Dijon, et devant chez eux, le banc n'y était déjà plus, où est le banc, ben, je ne l'aimais pas, alors je l'ai vendu. Mais ce n'est pas possible ! Ils entrèrent dans la maison : tout avait changé de couleurs, de positions, des ballons partout, ... Sam, je vais te cogner ! Nous allons dire bonjour à la famille et pendant ce temps, tu ranges tout comme c'était avant qu'on ne parte. Tu as deux heures. Si ce n'est pas fait, on entendra plus parler de toi.

Ils allèrent rendre visite aux parents de Lola et aux parents de Liam, sa grand-mère aussi. Ils leur proposèrent de manger des gâteaux, Liam dit oui, sa passion coquine mais Lola qui avait bien mangé dans l'avion, n'avait plus faim. Et c'est pour quand le petit ? Le petit quoi, dit Liam qui avait très bien compris ? Le bébé, voyons ! Ah, on n'en veut pas ! Lola se tourna vers lui, Liam ne dit pas de conneries. Nous sommes encore jeunes et avons envie de profiter un peu de la vie. La grand-mère réplique : vous avez raison mes enfants. Bon, ce n'est pas tout çà mais on va passer au supermarché, il n'y a plus rien à manger à la maison. Il y avait beaucoup de monde au supermarché, c'était la période des soldes au mois d'Août. Ils étaient énervés tous les deux, il manquait beaucoup de choses dans les rayons et les allées étaient étroites donc pour passer à deux chariots, c'était tout juste. Ils payèrent à la caisse et sortirent respirer. Ranger les courses dans le coffre et rentrer à la maison. Et Sam ? Quand ils arrivèrent, le banc était remis à sa place, et à l'intérieur Sam terminait de nettoyer par terre, et tout avait repris sa place. Liam dit à Sam, merci beaucoup mais dorénavant, tu ne t'occupes plus de nos affaires.

Ils rangèrent les courses et allèrent dans le jardin dans les fauteuils de jardin et une bonne bière fraîche. Demain, je retravaille. Tu reprends quand toi ? Lundi prochain. Veinarde. Il était déjà tard, ils mangèrent sur le pouce et allèrent se coucher dans les bras l'un de l'autre. Le lendemain, debout 7 heures, petit-déjeuner et Liam partit au travail après avoir embrassé sa belle. Lola s'occupa du linge, celui des vacances, bien sûr. Elle fit tourner deux machines. Elle sortit s'asseoir un peu au soleil sur le banc devant et qui voilà : Sam en bicyclette. C'est pas vrai, se dit-elle en elle-même. Je t'ai apporté un bouquet de fleurs, je sais que tu aimes cela. Merci, dit Lola, je vais les mettre dans l'eau dans un vase. Sam évidement entra avec elle. Elle lui proposa une boisson fraîche qu'il accepta. Il voulu l'embrasser sur la bouche mais elle tourna la tête. Je suis mariée, Sam. Et alors, çà fait plaisir et personne ne nous voit. Il voulut la toucher plus intimement, NON Sam, je suis mariée, Je sais mais un peu de plaisir, çà fait pas de mal et on ne nous voit pas. Sam, je te remercie pour les fleurs mais je vais te demander de partir, tu en fais trop. Mais je t'aime, moi, je suis fou de toi, c'était moi que tu aurais dû épouser. Mais Sam, tu es un bon pote, mais je ne t'aime pas d'amour comme j'aime Liam.

Liam rentra le soir du travail, le souper était presque prêt. Lola ne voulait pas parler de l'évènement avec Sam. Il n'était pas allé bien loin et comme ils étaient copains, elle ne voulait pas de brouille. Liam demanda Lola si elle voulait aller au cinéma ce soir, voir Avatar 2, elle était enchantée. Ils y retrouvèrent des copains et des copines et évidement Sam qui s'assit de l'autre côté de Lola. Il osa poser sa main sur la cuisse de Lola alors que Liam était de l'autre côté. Il avait vu et était à bout de nerfs. Il ne fit rien car le film venait de commencer. Lola enleva la main de Sam, Liam plaça la sienne. Ils apprécièrent moyennement le film. Ils allèrent boire un pot après la séance mais Liam tint sa promesse, plus d'alcool. Par contre, Sam engouffrait bière sur bière et il en but au moins une dizaine, il collait aux basques de Lola, Liam était furieux. J'ai faim dit l'amie de Lola, on va manger un burger ?

Ok, le vendeur de hamburgers était tout prêt. Ils commandèrent et s'installèrent sur les bancs avec table en bois dehors. Sam, Lola et Liam de l'autre côté, c'était à prévoir. Lola senti une main sur sa cuisse, elle croyait que c'était Liam mais elle regarda, Liam avait ses deux mains dehors et Sam une dehors et l'autre sur sa cuisse, il la remontait vers son triangle ! Elle hurla, le gifla et partit en courant. Liam se demandait ce qu'il s'était passé et les amis aussi. Liam rattrapa Lola, elle lui raconta la main de Sam sur la cuisse qui montait bien haut. Liam fit demi-tour, il empoigna Sam et le cogna une bonne fois. Lola, c'est ma femme et pas la tienne. Tu arrêtes de la poursuivre sinon on ne parle plus de toi.

Sam en voulait à Liam de l'avoir cogné comme cela devant tout le monde. T'es plus mon copain, mais c'est toi qui n'est plus le mien. Tu te rends compte de ce que tu as fait, caresser la cuisse de ma femme en-dessous du banc. Oh, le salaud dirent les amis. Sam alla s'excuser auprès de Liam et de ses amis, il lui manquait incroyablement une compagne, de la tendresse, de l'amour. Liam ne put l'excuser si vite, c'était inadmissible. Lola était rentrée chez elle. Mal dans sa peau ! Lundi, Lola retravaillait, enfin au calme. Ses petits copains étaient toujours les bienvenus.

Elle les adorait. Elle aurait voulut en avoir à la maison mais ce serait pour plus tard. Elle commença sa journée avec un petit chaton qui ne buvait pas ni ne mangeait, pourtant il était sevré mais sans doute que sa maman et ses petits frères et sœurs lui manquaient. Sa maîtresse devait l'inciter 3 à 4 fois par jour avec un biberon, à lui donner du lait pour bébé mélangé à une vitamine qui donnait le goût de la maman chatte. Ceci pendant deux semaines et l'habituer à lui proposer de la très bonne nourriture en pâté pour chat, et……..beaucoup de patience et de douceur.

La seconde personne venait avec son chien, un colley, il boitait le pauvre. Elle posa des questions à sa propriétaire, Allait-il régulièrement courir seul dans la rue ? C'était peut-cela ! Elle le fit monter sur la table et regarda la patte avec une loupe. C'était bien ce qu'elle pensait, il y avait un morceau de bois encastré dans les coussinets. Elle prit une pince à épiler et doucement enleva l'intrus. Il sauta tout seul de la table, elle lui donna un petit biscuit.

Lola était diplômée comme vétérinaire et en plus pour les NAC : nouveaux animaux de compagnie. Elle recevait un perroquet, Gris du Gabon, il était assez excité et sa propriétaire devait le tenir dans un essuie pour que Lola puisse le consulter, en fait, elle ne voyait rien de suspect. Vous venez me voir pour quel problème, Madame ? Et bien, cela fait quelques temps qu'il perd ses plumes et cela me tracasse : arrêtez de vous tracasser, c'est la même chose chez tous les perroquets, c'est la période de la mue. C'est un phénomène tout à fait normal, cela arrive chez presque tous les animaux. Oh, merci, Docteur, vous me rassurez.

Le client suivant n'avait pas donné de nom. Il était en retard de 5 minutes et elle vit entrer SAM ! Salut, je ne savais pas que tu avais un animal ? Non, le gorille c'est moi ! Pardon ? Que me veux-tu ? Inutile d'appeler ta secrétaire, elle vient de partir. Je voulais dialoguer avec toi. Tu es de plus en plus belle ! Venons-en au fait, dit Lola. Tu fais l'amour avec moi et je laisse Liam tranquille ! Non, mais tu rêves là, je suis mariée, tu étais présent, je ne suis pas le genre de femme à courir après tous les hommes. Mais tu peux le faire une seule fois avec moi, personne ne le saura. Je suis fou amoureux de toi. Sam, tu sors, ou j'appelle la police ! Comme tu voudras !

Il sortit, tu me le paieras ! Il était l'heure de finir le travail. Elle eut un coup de fil de Liam : Chérie, tu peux venir me chercher, les 4 pneus de ma voiture ont été troués. J'arrive. Rentrés à la maison, ils se calmèrent. Je me demande bien qui a pu faire cela. Lola le savait mais elle ne voulait rien dire. Le mécanicien arriva et changea les 4 pneus en moins de temps pour le dire. Pendant la soirée, ils entendirent des bruits dehors : un chat, un chien, un renard ? Ils sortirent et virent un individu habillé tout en noir partir en courant. Lola était inquiète. Il faudra mettre une alarme le plus vite possible. Le lendemain matin, ils partirent travailler et en rentrant, toute la maison était sans dessous-dessus. Ils appelèrent la police. Lola, sa maman et sa sœur allait ranger la maison et Liam partit courir dans le bois près de chez eux. Il rencontra, comme par hasard, Sam. Je veux ta femme, je l'adore ! Toi, tu en trouveras bien une autre, tu es beau comme un Apollon. Ma femme, vieux, elle est à moi pour toujours, nous sommes mariés et tu es tellement chiant qu'elle ne ta choisirais pas. Ah non, et si tu n'es plus là ? Qu'est-ce que tu veux dire ? Que tu vas disparaître de sa vie et pour toujours. Elle sera mienne. Et il sortit un revolver, Sam, nous sommes amis depuis l'enfance, réfléchis, tu vas aller en prison pour plusieurs années, tu ne verras plus du tout Lola. Ni toi non plus, Sam appuya sur la gâchette 3 fois envers Liam. Celui s'écroula. POUR TOUJOURS.

FIN

Table des matières

Printed by Books on Demand GmbH, Norderstedt / Germany